INVENTAIRE
S 27,739

L'HOMME

FOSSILE

PAR

M. Léopold GIRAUD.

PARIS

E. JUNG-TREUTTEL, ÉDITEUR

Successeur de TREUTTEL et WURTZ, 17-19, rue de Lille

STRASBOURG, 126, GRANDE RUE

1860

S

L'HOMME FOSSILE

25729

DÉPÔT LÉGAL
Somme
110
1860

L'HOMME
FOSSILE

PAR

M. Léopold GIRAUD.

« Deus scientiarum Dominus. »
Reg. Liv. 1. ch. 2. v. 3.

PARIS

E. JUNG-TREUTTEL, ÉDITEUR

Successeur de TREUTTEL et WURTZ, 17-19, rue de Lille

STRASBOURG, 120, GRANDE RUE

1860

L'HOMME FOSSILE

L'homme fut créé après toutes les autres créatures, la raison
le veut ainsi. La terre et l'air étaient formés ; les végétaux, qui
par leurs racines cherchent dans le sol les sucs dont ils ont besoin, et par leurs rameaux l'air qui les fait vivre, étaient créés ;
les animaux qui demandent leur nourriture aux plantes, à l'air, à
la terre, étaient déjà répandus sur notre globe par la main divine,
lorsque l'homme parut, avec mission de commander à toute la
nature faite pour ses besoins. Tel est le plan admirable de la
création qui nous a été révélé par la Sagesse Infinie. Rien n'est dû
au hasard. L'homme a sa place et ne saurait en avoir d'autre.

Mais ce que le Prophète nous enseigne, ce que la raison admet,
la Science le démontre. Les détracteurs de nos saints Livres et les
faiseurs de systèmes ont demandé à la Science moderne des ar-
guments contre l'autorité des Écritures. Ils ont fouillé la terre,
interrogé ses différentes couches, cherché si les ossements et les
débris que l'on rencontre dans ses entrailles, témoins irrécusables
de la vie successive à la surface de notre globe, viendraient révéler
des vérités nouvelles et inattendues : leurs efforts ont été impuis-
sants, et la vérité sublime de la Genèse a triomphé.

Les preuves à l'appui de mon affirmation sont nombreuses, et
mes patrons illustres. Je n'ai certes pas l'intention de donner,
dans une seule étude, la démonstration de toutes les vérités que

je ne fais qu'énoncer ; je laisse aux esprits légers le soin de parler légèrement de ces choses, soit qu'ils les dédaignent, soit qu'ils en méconnaissent l'importance. Aussi, je ne dirai rien de ce qui a rapport à la création des végétaux et des animaux, et je me bornerai dans ce travail à rechercher quelle date on peut assigner à l'apparition sur la terre d'une race humaine. Les hommes sont-ils de date postérieure aux autres êtres ? Étaient-ils contemporains des mammifères fossiles nommés par Cuvier antédiluviens, et, par conséquent, existaient-ils avant le dernier cataclysme qui bouleversa notre globe, le déluge, dont tous les peuples ont gardé le souvenir ? Voilà des questions qui intéresseront toujours les esprits qui pensent que la Science ne doit pas se borner à la seule observation des faits, et qu'elle a pour but suprême de trouver les principes supérieurs qui les régissent.

I

L'homme apparut sur notre globe après tous les animaux. Cela est certain. Les tranchées que l'Industrie moderne ouvre tous les jours, soit pour la construction des voies ferrées, soit pour l'établissement des canaux, les fouilles particulières entreprises dans un but d'utilité privée ou d'exploration scientifique, nous font connaître de mieux en mieux la constitution intime de notre globe. En France, plusieurs départements ont été, pour ainsi dire, bouleversés en entier, et jusqu'à ce jour, aucun fait n'est venu obscurcir cette vérité, à savoir, que toujours et partout les couches supérieures du sol contiennent seules des ossements humains.

Toutes les doctrines ont, du reste, accepté ces faits : ils sont rationnels ; mais on a discuté longtemps sur la date de l'apparition de l'homme. La plupart des écoles enseignaient que l'homme n'avait pas pu habiter la terre avant le déluge, le sol, l'atmosphère n'étant pas encore préparés à le recevoir. L'évènement se chargea de donner le plus complet démenti à ces théories hasardées, et il faut avouer que la Science avait agi assez légèrement pour s'attirer une sévère leçon. Eh quoi ! vous aviez trouvé dans les entrailles de la terre, dans le monde paléontologique, des espèces tout-à-fait analogues aux espèces qui peuplent aujourd'hui notre globe, vous aviez reconstruit, à l'aide de quelques ossements, le *Rhinoceros tichorrhinus*, l'*Hippopotamus major*, l'*Elephas primigenius*, le *Cervus somonensis*, etc., toutes espèces perdues, mais dont l'analogie avec nos rhinocéros, nos hippopotames, nos éléphants, nos cerfs, n'est pas douteuse, et vous osiez affirmer que l'homme ne pouvait se rencontrer au milieu de tous ces débris fossiles ! Mais il est démontré que le milieu qui convient aux grands mammifères convient également à l'homme, et scientifiquement votre thèse était insoutenable. Historiquement, elle n'avait pas plus de valeur. Ainsi que je l'ai dit plus haut, les traditions de tous les peuples font mention d'un cataclysme terrible qui bouleversa la terre et ensevelit les animaux et les hommes sous ses débris. A ce sujet, les citations abondent (1). Il faudrait citer Ovide, Lucrèce, Virgile, Hésiode, etc.; les livres religieux des Chinois, des Indous, des Parsis, etc.; enfin nos saintes Écritures. Et puisqu'il faut se borner, écoutons ce que dit la Genèse. Le récit est magnifique de poésie et de vérité (M. Cordier a établi par de savants calculs que le cataclysme a dû se produire ainsi que l'indiquent les Livres Révélés) : « L'année six cent de la vie « de Noé, toutes les sources du grand abîme des eaux furent « rompues, et les cataractes du ciel furent ouvertes; et la pluie « tomba sur la terre pendant quarante jours et quarante nuits... « Les eaux crurent et grossirent au-dessus de la terre, et toutes « les plus hautes montagnes qui sont sous l'étendue du ciel « furent couvertes. L'eau ayant gagné le sommet des mon- « tagnes, s'éleva encore de quinze coudées plus haut. Toute chair « qui se meut sur la terre en fut consumée, tous les oiseaux, « tous les animaux, toutes les bêtes, et tout ce qui rampe sur la « terre... Et les eaux couvraient la terre pendant cent cinquante « jours. »

Une tradition aussi générale était suffisante pour faire naître au moins quelques doutes dans les esprits qui estiment que les traditions, par cela même qu'elles sont le témoignage des générations passées, sont beaucoup plus respectables que les systèmes *a priori* enfantés trop souvent par des imaginations fantaisistes. Pour qu'une tradition, un souvenir universel existât, il fallait bien qu'un témoin du fait, échappé aux fureurs du cataclysme, l'ait transmis. Aussi la question de l'homme fossile était sans cesse débattue, malgré l'opiniâtreté systématique qui prétendait l'avoir

(1) Voir le premier volume de l'ouvrage de M. Alfred Maury : *Histoire des Religions de la Grèce antique*, pages 90 et suiv., 135, 594 et suiv.

résolue négativement. L'inquiétude des esprits montrait parfaitement toute l'importance du problème. On se rappelle que la Science crut souvent en avoir trouvé la solution. A ce sujet, les méprises sont nombreuses, et ont presque toutes pour cause l'affirmation que l'on trouve dans quelques poëtes anciens de l'existence d'une race d'hommes d'une taille surprenante, race de géants qui avaient habité la terre dans les temps primitifs. Saint Augustin raconte avoir trouvé sur le rivage d'Utique une dent de géant ; Phlégon de Tralles dit que les Carthaginois trouvèrent deux squelettes de géants, l'un haut de 33 pieds, l'autre de 24 coudées. Des fragments d'os extraits dans le Bas-Dauphiné furent l'objet, pendant le moyen âge, de vives discussions. Tous les savants de l'époque croyaient que ces os avaient appartenu à quelque géant ; seul, l'anatomiste Riolan soutenait que c'étaient les restes d'un éléphant. Il est inutile de dire que son opinion, la seule rationnelle, ne triompha pas. Plus tard, et presque de nos jours, quelques ossements rencontrés au milieu des couches terrestres furent acceptés par Scheuchzer et beaucoup d'autres pour les débris fossiles d'un homme, qui avait été spectateur du dernier cataclysme (*homo diluvii testis*). Le génie de Cuvier découvrit dans ces os prétendus humains les restes d'une grande salamandre. La Science adopta sa décision.

On désespérait de résoudre le problème, lorsqu'en 1838, M. Boucher de Perthes, dans son livre *De la Création*, livre qui fait date, annonça qu'à défaut d'ossements fossiles, on devait trouver des débris des œuvres de l'homme dans les dépôts de silex ossifères formés par le courant diluvien.

Ce fut un trait de génie inspiré par la certitude de l'existence d'une humanité antédiluvienne. Cette certitude reposait :

« 1° Sur la tradition d'une race d'hommes détruits par le déluge.

« 2° Sur les preuves géologiques de ce déluge.

« 3° Sur l'existence, à cette époque, des mammifères les plus voisins de l'homme, ne pouvant vivre que dans les mêmes conditions atmosphériques.

« 4° Sur la certitude, ainsi acquise, que la terre était habitable pour l'homme.

« 5° Sur ce que dans toutes les régions, îles ou continents, où
l'on a rencontré ces grands mammifères, l'homme y vivait ou y
avait vécu ; d'où l'on pouvait conclure que, si les animaux avaient
paru sur la terre avant l'espèce humaine, elle les y avait suivis de
près, et qu'à l'époque du déluge, elle y était déjà assez nombreuse
pour y laisser des signes de son passage.

« 6° Enfin sur ce que ces débris humains avaient pu échapper
aux investigations des zoologues et des naturalistes eux-mêmes,
parce que la différence de conformation qu'on remarque entre les
individus fossiles et leurs analogues actuellement vivants, pouvait exister entre les hommes antédiluviens et ceux d'aujourd'hui ;
dès lors qu'on avait pu les confondre avec d'autres mammifères ;
qu'ici les probabilités physiques, l'expérience présente et passée,
la géologie comme l'histoire, enfin la croyance universelle, ve-
naient à l'appui de la tradition ; qu'évidemment une race d'hommes
antérieurs au dernier cataclysme qui avait changé la surface de
la terre, y vivait dans les mêmes temps et vraisemblablement dans
les mêmes lieux que les quadrupèdes dont on a retrouvé les os. »

Il s'agissait donc de rechercher, à travers les couches terrestres,
les traces du déluge historique inscrit à sa date au livre géologique
par la formation du terrain diluvien ; puis de faire des fouilles à
travers ce terrain, afin de retrouver les traces de l'humanité dé-
truite par le cataclysme.

Il est tout d'abord nécessaire de donner les signes principaux
qui distinguent les bancs diluviens des autres couches qui les
entourent.

Pour bien comprendre comment se sont formés les *terrains
diluviens*, rappelons-nous ce qui se passe à la surface de la terre
pendant et après une violente pluie d'orage. L'eau qui tombe avec
fracas agit par son propre poids, combiné à la vitesse de chute ;
elle dégrade les rochers et les terrains, et après que le courant
torrentiel s'est écoulé, on rencontre sur tout son parcours, à l'état
de sédiments, les restes de toutes les dégradations. Ce que nous
voyons tous les jours se passer sous nos yeux s'est produit, dans
les temps primitifs, sur la plus grande échelle possible, puisque

le globe entier fut enfoui sous les eaux. Lorsque le courant diluvien se fut retiré, il laissa après lui des dépôts de différentes sortes, suivant les lieux qu'il traversa. Ces dépôts, composés de détritus des roches antérieures, ont formé ce que les géologues modernes appellent le *diluvium*. En général, ce sont des masses d'argiles, de marnes, de sables, recouvrant les bancs épais de silex ou se confondant avec eux. A travers ces amas terreux on rencontre des blocs erratiques, des silex volumineux visiblement roulés malgré leur poids, des ossements de grands mammifères actuellement détruits, amenés par la force des eaux dans des lieux très-différents de ceux qui les ont vus naître.

Jusqu'à ces dernières années, les géologues n'avaient jamais rencontré parmi tous ces détritus des indices qui révélassent l'existence de l'humanité avant la période diluvienne. Les ossements humains, les fragments de poterie, les métaux travaillés, enfin tous les indices certains de l'industrie humaine s'étaient seulement montrés dans les couches postdiluviennes, lorsqu'en 1839 M. Boucher de Perthes, après de nombreuses fouilles dans le diluvium (M. de Perthes a fait des recherches dans les départements du Pas-de-Calais, de l'Oise, de la Seine et de la Seine-Inférieure, et, depuis 1837, il n'y a eu dans le département de la Somme aucun remuement de terre de quelque importance auquel il n'ait assisté), rencontra au milieu de ce terrain un silex taillé en forme de hache. Évidemment la main humaine avait passé par là. Ce fut le point de départ de toute la série des découvertes du savant archéologue. Certain qu'il était — et nous avons vu sur quelles bases solides il appuyait sa certitude — que l'homme avait existé dans les temps antédiluviens, qu'il avait dû exercer son industrie selon ses besoins, il continua ses recherches avec d'autant plus d'ardeur qu'il était, pour ainsi dire, en possession de la vérité. Elles furent couronnées du plus grand succès. Il trouva en grande quantité, dans le diluvium, des haches, des couteaux, des flèches, des hiéroglyphes, des figures et des symboles ; et ces œuvres, à peine ébauchées, de nos premiers parents, lui ont permis de reconstruire l'humanité des temps primitifs.

II

Les silex ouvrés que M. Boucher de Perthes a découverts dans le diluvium forment deux grands groupes parfaitement distincts. Dans le premier, sous le nom collectif d'*armes*, se trouvent des haches, des couteaux, des lances et des flèches; le second est formé de la réunion de tous les silex, représentant des figures, des symboles, soit encore des types ou des caractères. — Quelques détails feront connaître les traits principaux qui caractérisent chacun de ces objets.

On employait pour fabriquer les haches, de préférence à toute autre pierre, le silex roulé que nous appelons *galet*. Sa forme généralement oblongue, sa polissure naturelle, diminuaient le travail de l'ouvrier. Aussi trouvons-nous que toutes les haches se rapprochent du type fondamental des galets, la forme en amande. Quant à la couleur naturelle de ces silex, elle est grise et prend toutes les teintes depuis le gris très-clair jusqu'au plus foncé, mais en général ils sont tachés et colorés selon la nature du terrain d'où on les retire. L'argile les colore en blanc de porcelaine, les sable ocreux en jaune-brun. Quelques silex sont blancs d'un côté et bruns de l'autre ; c'est qu'ils ont séjourné entre deux bancs de nature différente. Ce vernis qui recouvre les pierres est une preuve de leur antiquité et de leur très-long séjour au milieu des terrains diluviens.

En examinant avec attention ces différents silex, on est amené à distinguer dans leur travail deux sortes de tailles : la taille par coupures longitudinales qu'on peut appeler la *taille en ruban*, puis la taille par écailles ou mieux *par éclats ;* cette dernière est employée généralement pour faire le tranchant de la hache. Je crois que la taille *par éclats* est la plus ancienne, car il suffit de frapper l'une contre l'autre deux pierres pour produire une arête, et il me paraît impossible de faire une taille en ruban sans avoir à sa disposition un instrument tranchant.

« Les silex, dit M. Rigollot, sont travaillés avec une adresse, nous n'osons dire un art, qui souvent nous étonne. On est parvenu, en en détachant les éclats, non seulement à les dégrossir, mais à leur donner la forme la plus convenable aux usages pour lesquels ils étaient destinés. » Cependant, il ne faudrait pas croire que tous les silex qui font partie de la riche collection du savant M. Boucher de Perthes soient également bien travaillés ; mais la question du *bien réussi* n'a pas la moindre importance. Ce qu'il importe de découvrir, c'est un travail humain, la trace d'une main intelligente. Et alors, à ce point de vue, chaque éclat a sa valeur; tous les silex sont des objets d'étude. Ici on remarque une sorte de tranchant fait à petits éclats et arrondi en demi-cercle, indiquant à première vue l'intention de l'ouvrier. Là, plus de vive arête, mais des éclats enlevés en creux et en sens divers ; on dirait une ébauche. Parmi les silex à peine dégrossis, j'en vois un qui a été abandonné à cause d'un défaut que deux ou trois coups ont mis à découvert. Partout se montre une grande intelligence à faire servir la forme naturelle de la pierre pour abréger le travail de l'ouvrier. Une arête serpente à la surface du silex, elle sera le tranchant de la hache future. La plus belle hache, « la seule qui, peut-être, en mérite le nom, car seule elle en a réellement la forme, est en partie l'œuvre de la nature ; mais elle n'a pas tout fait. La main de l'homme n'y est pas moins visible, et les éclats qui en ont été enlevés, soit à l'extrémité destinée à représenter le tranchant, soit à la partie inférieure et attenant au manche, soit enfin en arrrière et pour ménager ce manche fait de la même pierre, offrent partout une intention. »

Ces haches ne sont pas toutes dans le même état de conservation. Il en est dont le tranchant est très-pur; on dirait qu'elles n'ont jamais servi. D'autres, au contraire, et elles sont en grande majorité, ont cruellement souffert ; mais il faut ici distinguer ce qui est le résultat de l'usure de ce qui est le produit d'un accident.

Dans quelques silex, le tranchant est émoussé de telle façon qu'il est impossible de ne pas être frappé de sa parfaite ressemblance avec celui d'une de nos haches ébréchées. Un choc accidentel ne produirait pas de semblables effets. Au contraire, certaines cassures, entre autres celle d'une pointe, d'un silex taillé en flèche, peuvent, sans témérité, être considérées comme résultant d'un choc ou plus généralement d'un accident qui n'offre aucune trace de la main humaine.

On peut rencontrer des silex où la trace du passage de l'homme soit difficile à saisir, et il serait très-prudent de ne rien affirmer si on n'avait aucun point de comparaison. Mais il est très-commun de trouver plusieurs silex de même espèce, de même forme, et dès lors il devient très-facile de porter un jugement certain. Par exemple, je doute qu'une entaille enlevée à la surface d'une hache, à une certaine position, ait été faite à dessein. Qu'une découverte de haches similaires vienne à me montrer dans toutes cette même entaille, à la même position, mon doute est levé, la cassure est certainement un travail humain.

Après ces premiers ouvrages de l'industrie humaine enfantés par la nécessité matérielle, sont venus les objets d'art, des images, des symboles, des représentations d'hommes et d'animaux. M. Boucher de Perthes a recueilli des silex offrant l'image fort ressemblante de la tête humaine vue de profil, de trois quarts ou de face. D'autres silex, assez bien sculptés pour reconnaître facilement l'idée qui conduisait la main de l'ouvrier, représentent des animaux que le copiste avait alors sous les yeux et qui, depuis, ont disparu de la terre : par exemple, certains rhinocéros, les mastodontes, les tapirs, etc. Il est des silex visiblement taillés qui ne nous rappellent aucun des animaux éteints ou vivants. Peut-être sont-ils les produits de l'imagination et de la fantaisie. Cependant il est permis de croire qu'ils représentent des espèces alors vivantes, et même fort communes si on en juge par l'abondance des images. A ce point de vue, cette partie de la collection de M. de Perthes, la partie des animaux, peut être d'une grande utilité aux naturalistes qui chercheraient à reconstituer la faune des temps primitifs.

Il me semble que ces silex trahissent facilement la main de l'homme. En voici la raison. Un animal quelconque est symétrique dans toutes ses parties ; l'homme, par exemple, est symétrique par rapport à un plan passant par le sternum et la colonne vertébrale. A chacune des parties du corps placée d'un côté de ce plan correspond une partie semblable placée de l'autre côté. A une oreille, à un œil, correspondent une seconde oreille, un second œil. Eh bien, cette symétrie permet de juger facilement si un silex a été travaillé, oui ou non. L'intention sera évidente lorsque, dans une représentation plus ou moins ébauchée de la face humaine, je suppose, toutes les parties similaires se correspondront et seront placées dans leurs véritables positions respectives. Ce que je dis de la face humaine, je pourrais le répéter pour toutes les parties du corps de l'homme, puisque, ainsi que nous l'avons déjà dit, toutes sont symétriques.

Ce procédé n'est pas unique pour découvrir le travail humain. Il s'applique à l'ensemble de l'ouvrage que l'on examine, et pas du tout aux détails. Lorsqu'on veut rechercher si telle partie, prise isolément, a été façonnée par une main intelligente ou par le hasard, il faut procéder comme nous l'avons fait lorsque nous interrogions un simple éclat enlevé à la surface d'un silex pour lui arracher le secret de sa formation. Alors l'intelligence a libre carrière, et souvent le génie du chercheur fait jaillir des solutions inespérées. Un exemple : voici un silex qui a la forme d'un animal; il a été tellement roulé, tellement usé par le frottement, qu'il est impossible d'affirmer à priori que ce soit une œuvre humaine. Cependant, en examinant avec attention, on remarque que l'œil a la forme d'un petit cercle de la circonférence duquel s'échappent des rayons ; — absolument la figure adoptée dans les traités d'Astronomie pour représenter le soleil. — Cette simple observation tranche immédiatement la question ; la main humaine a passé évidemment sur ce silex. Au contraire, il eût été impossible de rien affirmer, si, au lieu d'un cercle irradié, l'œil eût été représenté par un simple *point*, centre des rayons divergents. Dans ce cas, il est évident qu'un choc eut pu produire cette figure; on peut s'en assurer en frappant la surface d'une glace avec un corps très-pointu; une irradiation autour d'un point central, une étoile, apparaîtra aussitôt.

J'en ai assez dit pour montrer combien ces recherches sont délicates. Les silex qui forment la belle collection de M. Boucher de Perthes ont été soigneusement examinés. On lui a reproché d'avoir admis plusieurs objets dont le travail n'est pas visible pour tous les yeux au premier aspect; nous savons maintenant que tel silex évidemment travaillé peut paraître absolument brut à un explorateur novice. Et du reste, au point de vue du progrès de l'art, rien n'est à dédaigner. « Si je m'appesantis sur ces grossiers objets, dit M. de Perthes, si j'en donne des descriptions minutieuses, on me le pardonnera en faveur du motif, et l'on se souviendra que ces ébauches, premiers essais de l'homme, sont probablement les plus anciens monuments de son industrie et les plus vieilles chroniques de notre histoire. »

Quelle humanité nous révèle ces vieux documents enfouis dans les profondeurs de notre globe, témoins de la vie aux époques primitives? Ces outils, ces armes, ces figures, ces symboles prouvent que l'homme antédiluvien était analogue à l'homme qui vit sous nos yeux. Les haches lui servaient à tailler le bois, à fabriquer les ustensiles de première nécessité; les flèches à atteindre l'animal dont la chair était sa nourriture. Une fois les besoins de l'existence assurés, l'homme a développé son goût naturel pour les arts d'imitation. Ainsi qu'un jeune enfant, il s'est plu à représenter tout ce qui frappait ses regards. Ces figures d'hommes et d'animaux taillés dans la pierre nous donnent la mesure de la réussite de ses premiers essais. A quel usage étaient destinées ces ébauches grossières? Faut-il y voir des ouvrages de pure fantaisie sans objet bien arrêté, ou bien des œuvres de piété, des *ex-voto* offerts à la divinité? Ces symboles mystérieux sont-ils une preuve que l'homme des âges primitifs eut une foi, un besoin religieux, une adoration? Peut-être ces hiéroglyphes qu'un Cham-

pollion déchiffrera plus tard, et qui n'ont rien à envier, pour la
bizarrerie et le mystère, aux caractères indiens, phéniciens et
égyptiens, nous offrent-ils la clé de toutes les langues et de l'écri-
ture primitive. Tout cela est possible. L'étude comparée de la
période antédiluvienne et de la période celtique postérieure à la
première, et par conséquent mieux connue, pourrait donner la
solution de ces questions, d'ailleurs secondaires au point de vue
où je me suis placé. Ce qui est bien prouvé par les belles découvertes de M. de Perthes, c'est que l'homme fossile, contemporain
des grands mammifères, avait l'intelligence nécessaire pour suffire
à ses besoins, et même satisfaire ses goûts et ses passions.

Ainsi donc, aussi loin que nous pouvons remonter dans l'histoire des âges, nous trouvons toujours l'homme identique à lui-
même. On objecte que les objets trouvés dans le diluvium sont
informes, grossiers ; « on peut se demander, dit M. Flower, si un
artisan anglais, n'ayant pour outils que les cailloux qu'il trouverait
par terre, serait capable de donner à un silex une coupe plus
commode ou plus élégante... Reconnaissons que cette imperfection
vient évidemment moins du défaut d'intelligence de l'ouvrier que
du manque de fer ou de tout autre métal propre à l'exécution de
son travail. » Ainsi la nature essentielle de l'homme a été et
restera constamment la même. Je sais bien que ces conséquences
contrarient certaines doctrines de *perfectibilité indéfinie* qui ont
cours au milieu de cette époque remuante et inquiète. Que les
philosophes qui acceptent ces utopies y prennent garde ; ils
blessent la Science qui a l'horreur du mensonge, et révoltent la
raison. « Ces philosophes dégradent et avilissent l'homme jusqu'à
la condition de la brute. Si l'on considère l'idée qu'ils se font et
qu'ils veulent nous faire de l'homme au berceau, le véritable nom
de leur philosophie serait le *végétalisme...* Ils ont rêvé qu'à l'origine des choses et des êtres, l'homme ne fut lui-même qu'une
boursoufflure de fange échauffée par le soleil, puis douée d'un
instinct qui la force au mouvement sans impulsion, puis de
quelques membres rudimentaires qu'une intelligence sourde et
obscure dégageait successivement de la boue pour se créer à elle-

même des organes ; puis enfin de la forme humaine se débattant encore pendant des milliers de siècles contre le limon qui résistait au mouvement, puis doué successivement de l'instinct, ce crépuscule de l'âme ; de la raison, ce résumé réfléchi de l'instinct ; du balbutiement, ce prélude de la parole ; et, enfin, de toutes les facultés merveilleuses qui font aujourd'hui de l'homme la miniature abrégée et périssable d'un Dieu.

« Singulier système qui commence la créature par la brute, qui déshérite Dieu de son œuvre la plus divine, qui prend pour Créateur à la place de Dieu une pelletée de boue dans un marécage, un peu de chaleur putride dans un rayon de soleil, un peu de mouvement sans but emprunté aux vents et aux vagues, puis un instinct emprunté à une sourde puissance végétative, puis une intelligence empruntée au temps qui développe et détruit tout !... Il y a bien des siècles que l'homme existe. Des livres aussi vieux que les fondements de l'Himalaya nous parlent de l'homme, de son état physique et moral... Tel il est, tel il fut, tel il sera, jeté comme une argile pesée par la même main dans le même moule. »

Quel magnifique plaidoyer en faveur de l'homme, quelle sublime défense de la vérité !

III

C'est un axiome bien connu que jamais vérité nouvelle n'a été révélée sans qu'une opposition immédiate ait surgi. Lorsqu'une découverte vient réduire à néant certaines opinions, détruire certains préjugés, on la repousse d'abord, on refuse même de la discuter tant on a peur d'être converti. Faut-il donc s'étonner que M. Boucher de Perthes ait lutté pendant vingt années avant de triompher, rencontrant presque toujours l'indifférence la plus irréfléchie, quelquefois même le sourire le plus dédaigneux ? Mais, Dieu merci, un courage obstiné surmonte tous les obstacles. J'admire ces natures vaillantes et robustes qui mettent leur génie au service d'une vérité dont ils se sont constitués les défenseurs, et qui, après maints combats, lui ramènent, vaincus et soumis, tous ceux qui autrefois l'avaient dédaignée. Au jour du triomphe, le bonheur est augmenté par le souvenir de la souffrance. Qui peut dire que M. Boucher de Perthes, aujourd'hui que ses contradicteurs sont convertis, ne soit pas très-heureux d'avoir été si long-temps discuté?

Les objections qu'on a faites aux découvertes que j'ai exposées dans la seconde partie de ce travail sont les suivantes :

1° Il n'y a pas de silex *taillés* dans le diluvium ; les silex que M. de Perthes a retirés des couches diluviennes ne sont pas ouvrés; *ce sont des cailloux ramassés sur la route* (sic).

2° En admettant que les silex soient ouvrés, est-il bien certain qu'ils soient contemporains du diluvium? Peut-être se sont-ils introduits dans cette couche, d'eux-mêmes, par leur propre poids, à travers les fissures des assises supérieures ; peut-être ont-ils été

enfouis à l'avance par les ouvriers terrassiers en l'absence de
M. Boucher de Perthes?

3° Enfin, le terrain où l'on trouve les haches — admettons que
leur gisement soit naturel — a-t-il été bien déterminé? Est-ce bien
le *diluvium?*

Il est facile de répondre à toutes ces objections.

J'avoue que si l'on se borne à voir les dessins, — d'ailleurs bien
réussis, — qui ornent les deux volumes de M. Boucher de Perthes,
on est tenté de dire tout d'abord : Non, ces silex ne sont pas travaillés. Mais une étude sérieuse modifie promptement cette première opinion. Cependant, je ne suis pas étonné que certaines
personnes qui n'ont pas *vu* de haches antédiluviennes ne soient
pas converties, même après cette étude. Tout au contraire, celles
qui les ont vues une fois ne s'y trompent plus. Les ouvriers terrassiers d'Abbeville, d'Amiens, qui en trouvent tous les jours,
savent très-bien les reconnaître au milieu d'une masse de sable ou
de pierre. « Bien rarement ils s'y trompent, et si on contredit leur
opinion, ils l'appuient et la défendent par des raisonnements et
des exemples presque toujours justes. Ils leur ont même donné un
nom devenu populaire, ils les appellent *langues de chat...* C'est
que la main humaine a son cachet : il est inimitable et n'échappe
plus à l'œil qui l'a saisi une fois... » Tous les contradicteurs de
M. Boucher de Perthes qui se sont décidés à voir par leurs yeux,
à visiter sa collection, ont été immédiatement convertis. Un des
plus incrédules, M. le docteur Rigollot, membre correspondant de
l'Institut, après avoir examiné les silex, reconnut son erreur. Le
savant M. Joseph Prestwich, de la Société royale de Londres, de
retour de son voyage en Picardie, écrivit à M. de Perthes une lettre
où il affirme « que, quant aux haches en silex, *il n'y a pas le
moindre doute qu'elles ne soient travaillées par la main de l'homme.* »
Il réfutait ainsi, avec sa grande autorité, l'hypothèse si platement
niaise des jeux de la nature qui était venu jeter dans la balance le
poids de ses négations. A ces témoignages vinrent successivement
se joindre ceux, également précieux, de MM. John Evans, Charles
Lyell, Buteux, etc.; tous rendirent hommage à la vérité. M. de

Perthes voulut avoir l'opinion de l'Académie des sciences. Il envoya à Paris quelques silex pris dans sa collection; la commission, chargée de présenter le rapport, déclara à l'unanimité que ces pierres étaient *ouvrées*. Sur vingt, elle n'en rejeta que deux comme offrant un travail douteux. Il est donc aisé de dire que les haches diluviennes ne sont que « des cailloux ramassés sur la route, » mais le faire croire, c'est moins facile.

Sont-elles contemporaines de la couche qui les contient? est-on bien sûr de leur gisement? Oui, on peut l'affirmer sans témérité. Le terrain où elles sont enfouies est tellement compact que la pelle l'entame avec difficulté ; « c'est un sable vierge aux couches horizontales, ne laissant apparaître aucune trace d'introduction verticale, terrain qu'il suffit de voir une seule fois pour comprendre qu'un accident ou enfouissement secondaire, en le supposant possible, ne pourrait échapper à l'œil même le moins exercé. » Qui donc a jamais vu une pierre, perçant, par son seul poids, des couches d'argile et de sable épaisses et compactes, descendre à travers ces couches jusqu'à dix ou douze mètres, pour ne s'arrêter qu'à la craie, car c'est surtout là que sont les dépôts de silex? Qui peut dire sérieusement que les silex aient été enfouis d'avance par les ouvriers? où auraient-ils été les prendre? croit-on qu'il soit bien facile de faire une hache diluvienne. M. Hittorff, membre de l'Académie des Beaux-Arts, qui accompagnait M. Gaudry dans son voyage au diluvium d'Amiens, essaya de façonner un silex semblable aux haches diluviennes. Il y réussit avec peine. Ces ouvriers auraient-ils fabriqué aussi ce vernis d'antiquité, cette couleur caractéristique, la même que celle de la couche qui les enveloppe, couleur dont ils sont imprégnés? Et ces ossements de mammifères, leurs compagnons de terrain, teints de la même couleur, les auraient-ils également fabriqués? D'ailleurs, M. Boucher de Perthes a presque toujours assisté aux fouilles et aux découvertes « *Je ne crois qu'à mes yeux*, dit-il, car rien n'est plus facile que les erreurs; *c'est moi* qui ai extrait les premiers silex du fond des bancs ; *c'est moi* qui, en suivant pendant des semaines entières les travaux des ouvriers, leur ai appris à distinguer ces cailloux taillés, et les ai

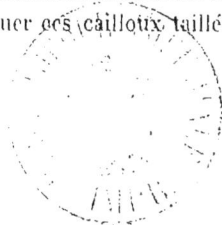

déterminés à les ramasser par la promesse d'une récompense... »
Fidèle à son principe de voir par lui-même, il ne s'épargne aucune
fatigue. En 1854, un ouvrier terrassier, appelé Gaillard (M. de
Perthes a pour habitude de nommer ses témoins) lui apporte
plusieurs haches en silex gris noir marqué de blanc, de dimensions
diverses. Il disait les avoir trouvées dans une tranchée que le
génie militaire faisait creuser alors autour d'Abbeville. Un matin
M. Boucher de Perthes alla surprendre Gaillard dans sa tranchée.
Il lui ordonna de creuser en différents endroits, et, dans une
étendue de six à huit mètres carrés, il recueillit une vingtaine de
haches de toutes grandeurs et quelques outils grossiers. « Que de
fois, dit-il quelque part, la pioche du terrassier a fait surgir à *mes*
pieds la pierre, où, sans hésiter, nous distinguions la main
humaine ! Quelle joie pour nous deux, l'ouvrier en recevant la
pièce d'argent promise, moi en emportant mon trésor ! »

Restait à examiner la nature du terrain afin de savoir si les
bancs exploités par M. de Perthes étaient bien de formation diluvienne. Sur ce point la discussion fut très-vive. Elle eut pour cause
une confusion de mots. On ne put s'entendre sur le nom à donner
à la couche silicifère. Chaque contradicteur avait son diluvium,
différent du diluvium ou terrain tertiaire de Cuvier. Cette anarchie
était un des résultats qui se renouvellent tous les jours, de cette
déplorable manie des géologues modernes de ne pas se tenir aux
définitions généralement reçues. « Au temps de Cuvier, chaque
chose avait son nom et n'en avait qu'un. Aujourd'hui, elle en a
autant qu'il y a de professeurs : chacun lui a donné le sien. »

Cependant M. Boucher de Perthes, par des explications très-
fréquentes dans ses nombreux mémoires, avait prévenu toute
équivoque. Ce qu'il a constamment appelé diluvium, c'est le terrain tertiaire de Cuvier et de Brongniart, aujourd'hui terrain
quaternaire ou tertiaire supérieur, caractérisé, ainsi que je l'ai
dit précédemment, par la présence de blocs erratiques et d'ossements de grands mammifères. Tous les bancs explorés par M. de
Perthes, ceux de Menchecourt, de Saint-Acheul, de l'Hôpital, etc.,
etc., présentent ces caractères. Les géologues qui les ont visités

ont été unanimes dans leurs témoignages. Pour me borner à quelques noms, je citerai MM. Constant Prévost, Hébert, Jomard, Buteux, Ravin, Roach-Smith, Falconer, J. Prestwich, J. Evans ; leur commune opinion, après avoir expérimenté longuement, a été que les terrains silicifères étaient bien réellement diluviens.

Ainsi toutes les objections principales étaient résolues. Cependant la critique ne se tint pas pour battue. Pourquoi ces haches ont-elles tant de rapports avec celles des temps post-diluviens (la simple différence consiste en ce que les premières ne sont jamais polies)? Pourquoi ne trouve-t-on que des pierres taillées? Ces questions curieuses ne sont pas des objections, et ne peuvent infirmer en rien la découverte que nous défendons. Du reste, il est facile de répondre. D'abord, « les mêmes besoins amènent nécessairement les mêmes moyens de les satisfaire, » et les besoins de l'homme ont été toujours ceux que nous lui connaissons ; de plus, il n'y a rien d'impossible à supposer que l'œuvre post-diluvienne ait été copiée sur l'œuvre des générations éteintes, retrouvée après le cataclysme, soit à la surface du sol, soit à une petite profondeur. En second lieu, l'œuvre de pierre, en supposant, comme il est probable, que l'homme antédiluvien ait travaillé autre chose que le silex, est seule restée intacte, parce que seule elle est inaltérable. Les ouvrages en bois, en métal, ont dû fatalement disparaître, détruits par les cataclysmes, ou dissous par le Temps.

La découverte de M. Boucher de Perthes est donc désormais à l'abri de toute objection. Il est probable que la discussion n'aurait pas duré vingt années, si la galerie des silex taillés, au lieu d'être à Abbeville, se fût trouvée à Paris, dans un lieu facilement accessible aux visiteurs. Plusieurs fois M. de Perthes renouvela l'offre de transporter à ses frais, à Paris, sa collection entière avec les échantillons des terrains. « Les collections, dit-il, ne sont de quelque utilité que lorsqu'elles sont publiques... je maintiens donc mon offre, parce que je la crois utile. » Pour toutes conditions, il demandait un local assez vaste pour contenir tous les objets, et la permission d'intervenir dans le classement. Cette offre, faite pour la première fois en 1843, fut acceptée avec

empressement, je le crois bien, le don avait une valeur considé-
rable; mais la collection est toujours à Abbeville, et M. de
Perthes attend encore qu'un local soit préparé pour la recevoir.
A la même époque, le généreux archéologue offrit, avec une libé-
ralité de gentilhomme vraiment digne d'un autre temps, sa magnifique galerie de meubles du moyen âge. Elle fut acceptée aux
mêmes conditions, et malgré les démarches réitérées du donateur,
n'est pas encore enlevée; ce qui a fait dire à M. de Perthes que
« en France il est infiniment plus malaisé de donner que de
recevoir. »

IV

Une science nouvelle, *l'archéo-géologie*, ou l'étude de l'homme par celle du sol et de ses révolutions, est née avec les belles découvertes de M. de Perthes. Elle réclame les efforts combinés de l'historien, de l'antiquaire et du géologue. Mais, comme toute science, elle a besoin, pour se constituer, de faits nombreux, d'observations suivies. La voie est à peine ouverte, et déjà elle est remplie de chercheurs qui y ont fait une abondante moisson de découvertes. Rappelons les principales :

En 1853, le docteur Rigollot trouva dans le diluvium, près Amiens, des silex travaillés. Cette trouvaille le convertit à l'opinion de M. Boucher de Perthes.

Quelques temps avant sa mort, M. Alcide d'Orbigny, après avoir lu l'ouvrage de M. de Perthes, *Antiquités antédiluviennes*, adoptant ses conclusions, lui écrivait qu'il ne doutait plus que les haches en pierre qu'on trouvait en Amérique n'eussent une origine analogue à celles du département de la Somme.

M. de Humboldt, dans son livre sur les Cordilières, annonce qu'on déterre communément des haches en jade, depuis l'Ohio jusqu'aux montagnes du Chili.

Il y a deux ans environ, M. le docteur Falconer découvrit des haches dans la caverne de Brixham, près de Torquay. Leur gisement n'était pas douteux ; elles étaient associées à des ossements de grands mammifères.

Dans ces mêmes conditions, M. Baillon trouva, en 1854, au lieu dit le *Champ-de-Mars*, près Abbeville, plusieurs haches nettement travaillées qu'on peut voir au musée de cette ville. Le nombre des silex découverts en cet endroit s'élève à plusieurs centaines.

L'année dernière fut fertile en découvertes :

M. Radiguel trouva des silex ouvrés aux environs de Paris.

M. G. Pouchet, chargé d'une mission scientifique en Picardie, retira lui-même une hache enfouie dans le diluvium de Saint-Acheul.

M. Albert Gaudry trouva, à un mètre de profondeur dans l'assise diluvienne, neuf silex associés avec des dents d'*Equus* fossile et d'une espèce de *Bos* différente des espèces actuellement vivantes. Cette découverte importante fut faite en présence de plusieurs témoins.

Dans une exploration géologique faite en Suffolk, M. Prestwich rencontra une hache nettement taillée, peu différente de celles de M. de Perthes.

M. Flower, « après avoir passé quelques heures à faire des recherches et à étudier le terrain (le diluvium d'Amiens), découvrit et détacha de ses propres mains, à vingt pieds de profondeur, une très-belle hache bien taillée et longue à peu près de vingt-cinq centimètres. » MM. Prestwich, W. Milne, Godwin-Austen, tous membres de la Société géologique de Londres, accompagnaient M. Flower dans son voyage en France, et ont affirmé la vérité de sa découverte.

Cette même année 1859, sir Ch. Lyell, président de la Société géologique de Londres, rapporta de France deux silex taillés, trouvés dans les carrières de Saint-Acheul, l'un à la profondeur de dix pieds, l'autre de dix-sept pieds au-dessous du sol.

Enfin, M. J.-A. Worsaae vient de découvrir en Danemark une grande quantité de silex, analogues aux pierres ouvrées de Picardie, et, comme elles, taillés en forme de haches.

Ainsi, on a déjà trouvé des silex ouvrés en France, en Angleterre, en Amérique, en Danemark. Il est probable que, partout où l'on voudra exploiter le diluvium, on en rencontrera en grande quantité comme en Picardie, et, « il y a tout lieu de croire que l'attention des géologues étant maintenant fixée sur les faits de cet ordre, ils ne tarderont pas à se multiplier dans la Science. » Lorsqu'ils seront assez nombreux, l'étude comparée des haches de toutes les parties du monde révélera des vérités nouvelles qui nous apprendront l'histoire de l'homme primitif, et celle, très-importante, de ses migrations.

Cette science de l'archéo-géologie, fondée par M. de Perthes, est destinée au plus bel avenir. Les Académies étrangères en ont bien saisi toute la portée, et l'ont patronée, défendue avec ardeur. Plusieurs d'entre elles, celles de Vienne, de Danemark, de Belgique, d'Angleterre, etc., se sont associé le fondateur après l'examen de son livre sur les *Antiquités antédiluviennes*. Les Sociétés anglaises surtout, ont déployé une merveilleuse activité pour vérifier l'exactitude des découvertes consignées dans cet ouvrage. La Société Royale, les Sociétés de Géologie, d'Archéologie, envoyèrent plusieurs de leurs membres en Picardie, avec mission de faire toutes les expériences nécessaires pour former leur conviction. Les Rapports très-remarquables de MM. Ch. Lyell et Prestwich montrent avec quel soin les Commissions ont procédé, avec quelle prudence elles sont arrivées aux mêmes conséquences que M. Boucher de Perthes.

Pendant que l'Étranger consacrait une découverte française, les savants de notre beau pays de France souriaient avec ironie, ou tout au moins se montraient d'une indifférence coupable. La Commission nommée par l'Institut reculait devant un voyage aussi long que celui de Paris à Abbeville, et cette conduite inexplicable contribuait à jeter du doute sur les découvertes de Picardie. Forcée, par les articles qui arrivaient d'outre-Manche, de donner son avis, cette Commission fut obligée, à la fin de l'année dernière, de rompre le silence. Ses conclusions furent entièrement conformes à celles de MM. Lyell et Prestwich. Il était bien facile à l'Institut de donner quelques raisons plus ou moins bonnes de sa superbe indifférence de vingt années, et le public lui en eût su gré; mais il n'eut pas le courage de s'expliquer franchement. Tenez, laissez-moi dire toute ma pensée, et, pour des raisons faciles à comprendre, permettez-moi de me mettre à couvert sous le nom d'un *membre de l'Institut*, M. F. de Saulcy :
« En lisant les comptes rendus de l'Académie des Sciences, je

n'ai pas été peu surpris, je l'avoue, de voir que, pas plus dans l'un que dans l'autre des trois articles consacrés, jusqu'ici, dans ce recueil, à l'existence des instruments en silex antédiluviens, le nom de M. Boucher de Perthes n'a été prononcé une seule fois. Qu'est-ce à dire? N'est-ce pas lui qui, le premier, *seul et contre tous*, a maintenu la réalité d'une découverte qui, désormais, a été surabondamment établie? On objectait que nul géologue n'avait vu ces haches en place. Qu'est-ce à dire encore? Est-ce que la vérité que les géologues de profession viennent constater sur le dire et l'invitation de qui ne fait pas profession d'être géologue n'est devenue une vérité que du jour où cette constatation a eu lieu? Allons donc! la vérité est éternelle; mais elle resterait *éternellement* au fond de son puits, si quelqu'un ne l'en tirait; et ce quelqu'un n'a pas besoin, j'imagine, d'avoir la spécialité de telle ou telle étude scientifique pour être admis à faire valoir des droits à une découverte qui intéresse cette étude.... Allons, messieurs les géologues! ce que vous n'aviez pas vu, M. Boucher de Perthes l'a vu et dit avant vous. Rattrapez-vous sur ce qu'il n'est pas aussi géologue que vous, soit; mais veuillez reconnaître que la découverte lui appartient, et qu'en ce qui concerne les haches antédiluviennes, tous les géologues, sans exception, seront et resteront distancés par M. Boucher de Perthes. »

M. de Saulcy, l'ardent contradicteur d'autrefois, a eu le courage de « faire publiquement amende honorable. » Espérons que certains naturalistes imiteront son exemple, et confesseront leur erreur après avoir *vu*. A une certaine époque, quand M. Boucher de Perthes était signalé comme un « rêveur, une espèce d'illuminé, » il était fort compromettant d'aller, à Abbeville, explorer les bancs de diluvium, et visiter les collections du savant archéologue. Ce voyage, qui alors était un acte d'héroïsme — nous comprenons sans peine que peu de personnes l'aient tenté, — n'est plus qu'une partie de plaisir, aujourd'hui que les découvertes antédiluviennes ont pris rang dans la Science. On peut désormais, sans rien craindre, aller rendre hommage à la vérité. Aussi, depuis quelque temps, tous les savants de la France et de

l'Étranger accourent à Abbeville. Il y a peu de jours, s'y trou-
vaient ensemble : M. de Quatrefages, de l'Institut ; le docteur
Jacquart, du Muséum ; M. Lartet, le savant paléontologue ; M. de
Verneuil, président de la Société de Géologie ; M. Roderick
Murchison, auteur du système silurien, directeur général de
l'École des Mines de Londres ; enfin, M. Prestwich, l'infatigable
M. Pretswich, et trois autres savants anglais venus avec lui,
MM. George Busk, John Lubbock, capitaine Douglas Galton.

Ainsi, à force de persévérance confiante, M. Boucher de Perthes
a vaincu tous les préjugés, toutes les répugnances, et fait triompher la vérité.

V

Avant de terminer cette étude, j'ai quelques mots à dire en réponse à une question qui, sans nul doute, a surgi dans l'esprit du lecteur. Cette question, la voici : Puisqu'on trouve des débris fossiles de tous les mammifères, pourquoi ne rencontre-t-on pas ceux de l'homme ?

Il existe des os fossiles humains, cela est certain. On en a trouvé dans toutes les parties du monde. Le Muséum d'histoire naturelle possède un squelette de femme emprisonné dans une roche calcaire, dans un état de fossilisation parfaite. Nilsson rapporte qu'il découvrit en Suède un squelette de *Bos priscus* fracassé par un coup de hache. Tout à côté se trouvait la hache meurtrière, et un squelette humain, probablement le meurtrier. — Ces ossements sont fossiles, il n'y a pas à en douter. Mais sont-ils très-anciens ? les roches dans lesquelles ils sont emprisonnés ne sont-elles pas au contraire de formation récente ? La réponse est facile : La roche dans laquelle on a découvert le squelette du Muséum est encore en voie de formation. Donc fossilisation n'est pas synonyme de grande antiquité, d'antiquité antédiluvienne. Cependant dans le langage vulgaire, en histoire naturelle même, on donne le nom d'animaux fossiles aux animaux détruits par le grand cataclysme, et que tous les jours on retrouve dans le diluvium. C'est pour cette raison que j'ai donné pour titre à ce travail, l'*Homme fossile*, quoiqu'il eût été plus exact de l'intituler l'*Homme antédiluvien*.

L'homme fossile existe donc, mais l'homme antédiluvien, contemporain des grands mammifères, l'homme du terrain tertiaire de Cuvier, existe-t-il ? Voilà la question. Dans l'état actuel de la science, on ne peut pas affirmer qu'elle soit résolue soit dans un

sens, soit dans l'autre. « Les ossements humains doivent être
moins communs que les fossiles d'animaux, parce que les animaux
à cette époque étaient bien plus nombreux que les hommes, et
qu'en dévorant les cadavres, ils en brisaient les os. » Peut-être
aussi, pendant l'époque antédiluvienne, brûlait-on les morts.
Cette coutume remonte si haut dans l'antiquité qu'il n'est pas impossible qu'elle ait été en honneur même aux temps primitifs.

En second lieu, la décomposition du squelette humain est plus
rapide que celle de tel ou tel animal. Les animaux sauvages qui
vivent à l'air et se livrent à de violents exercices, finissent par ac-
quérir des os d'une dureté et d'une compacité que n'ont pas ceux
des hommes; cela les rend inaltérables. Il est si vrai que la décomposition des ossements humains est très-rapide, « qu'on est étonné
de la petite quantité d'os qu'on retire des anciens cimetières,
comparativement à l'énorme masse de cadavres que, de génération
en génération, on y avait déposés. » Lorsqu'on ouvre un cercueil,
remontant au-delà de cinq ou six siècles, il n'est pas rare de ne
trouver que des restes à demi-rongés et tombant en poussière. Si
les momies d'Égypte ont échappé à l'action du temps, c'est grâce
à une préparation, à un procédé d'embaumement qui nous est
resté inconnu.

Il est donc probable, pour toutes les raisons que je viens d'in-
diquer, que les ossements antédiluviens sont peu nombreux. Mais
ne désespérons de rien. Tôt ou tard on découvrira ces débris humains tant désirés. Peut-être même ont-ils déjà passé inaperçus
sous nos yeux. « Les ouvriers ne ramassent guère que les ossements
qui les frappent par leurs dimensions gigantesques ou leurs formes
bizarres... Quand le terrassier rencontre un os qu'il ne connaît
pas et où il croit voir un rapport de forme avec les siens, il en fait
immanquablement, quelle qu'en soit l'ancienneté, un *os de chrétien:*
telle est son expression; et par un sentiment louable au fond,
puisqu'il émane du respect pour les morts, il s'empresse de le
rejeter dans l'excavation et de le recouvrir de terre. Souvent même
il évitera d'en parler, croyant qu'il se rapporte à quelque fait
récent, à un crime peut-être!... Tout concourt donc à faire

disparaître ces débris avant que l'observateur ait pu en prendre connaissance. »

Des découvertes nouvelles sont venues jeter une lumière inattendue sur la question.

M. Lund, un savant paléontologue, a trouvé en Amérique, dans plusieurs cavernes du Brésil, des ossements humains à côté de débris d'animaux d'espèces perdues.

Dans l'Amérique septentrionale, M. Ch. Lyell a trouvé un squelette humain avec des os de mastodonte. — Dans la vallée du Mississipi, on retira de la terre un bassin humain enfoui à cent pieds de profondeur.

En Angleterre, dans les comtés de Cork et de Moiza, on a rencontré dans des houillères et à des profondeurs considérables deux squelettes humains.

En Belgique, des fouilles nouvelles ont également mis à découvert des restes humains. M. Spring, dans la province de Namur, a trouvé des crânes, des fémurs, des tibias, plusieurs os pariétaux, appartenant à une race d'hommes entièrement distincte de celles qui aujourd'hui habitent l'Europe. « Dans cette caverne étaient aussi beaucoup d'ossements d'animaux, cerfs, élans, etc... Il y avait un os pariétal où l'on voyait une fracture opérée par un instrument contondant. Cet instrument se trouvait dans la brèche osseuse : c'était *une hache d'un travail grossier*, sans trou pour y adapter un manche. »

En Allemagne, près de Baden, M. Boué et le comte Razoumowski découvrirent des restes d'ossements humains dans des roches calcaires qui renfermaient aussi des os de grands mammifères.— Dans la vallée de Néander (provinces Rhénanes), on a trouvé, en exploitant des carrières de pierre, un crâne, des os de membres supérieurs et inférieurs, un fragment d'omoplate, une clavicule, cinq fragments de côtes et la moitié du bassin presque complète. D'après M. Schaafhausen, de Bonn, tous ces os font partie d'un même squelette qui, selon le docteur Fulhrott, de Berlin, est le squelette fossile tant désiré.

En France, aux environs du Puy en Velai, M. Aymard annonça

la découverte des débris de deux squelettes humains enfouis dans une brèche volcanique; dans le département du Gard, M. de Christol trouva, dans les mêmes conditions, un molaire d'homme. Enfin, tout récemment, dans l'Ariége, M. Fontan a découvert des mâchoires d'hommes, des os travaillés, toujours associés à des débris d'animaux d'espèces perdues, ou pour parler le langage habituel, quoique peu exact, d'animaux fossiles.

Ces découvertes ont soulevé de nombreuses objections. On a dit que les gisements n'étaient pas certains, que tous les débris nombreux et variés que l'on trouve dans les grottes ossifères, ont pu y être entraînés par une inondation de beaucoup postérieure à l'époque diluvienne. Tout cela est possible. Mais peut-on en conclure que si, contrairement à l'opinion accréditée en Amérique, la découverte de l'homme antédiluvien n'est pas faite, elle ne le sera pas dans quelque temps, demain peut-être? Il suffit pour cela d'un coup de pioche heureusement donné. Mais, en vérité, rappelons-nous donc qu'il y a à peine vingt-cinq ans, on affirmait, on prouvait qu'il ne pouvait pas y avoir de singe fossile. La démonstration avait pour base cette erreur, que le diluvium n'était pas le résultat du déluge universel des temps primitifs, ce qui aujourd'hui ne peut pas se soutenir. Aussi, pour conclusion, on trouva le singe fossile. MM. de Blainville dans le Gers, Richard Owen en Suffolk, Lund au Brésil, découvrirent, le premier une mâchoire (*pithecus antiquus*), le second une dent (*macacus œcenus*), le dernier des débris de singes américains.

« Alors on dit qu'ils n'étaient pas fossiles. Ils l'étaient. Que fit l'opposition? Elle prétendit que ce n'étaient pas des singes. On lui démontra le contraire. Elle n'en tint pas compte; elle déclara que c'était une espèce voisine et non le vrai singe, et elle lui donna un nom en conséquence. Aujourd'hui encore, armé de ce nom, le vieux parti anti-singe vous dira qu'il n'y a pas de singes fossiles ! »

L'histoire de la science est pleine de ces ridicules entêtements, de ces erreurs obstinées. N'affirmons donc rien et attendons l'avenir. Quoi qu'il puisse arriver, que l'on découvre ou que l'on ne découvre pas d'ossements humains dans les couches diluviennes, la question de l'homme fossile n'en est pas moins résolue par les travaux de M. Boucher de Perthes, et, pour résumer cette étude, concluons, avec le savant archéologue, que l'homme a existé avant le dernier cataclysme, le déluge, qui a bouleversé notre globe, puisqu'on a découvert, et qu'on découvre tous les jours, enfouis dans les profondeurs du diluvium, les restes de son industrie.

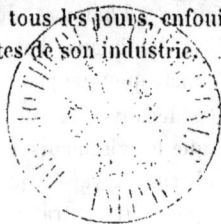

Abbeville, typ. P. Briez.

ADDITION.

Nous venons d'apprendre la nouvelle d'une découverte qu'un savant de Genève, M. Gosse, vient de faire à Paris, et qui confirme de la façon la plus éclatante les travaux de M. Boucher de Perthes. Voici en quels termes les *Comptes rendus de l'Académie des Sciences* (séance du 30 avril 1860) mentionnent cette découverte :

NOTE SUR DES SILEX TAILLÉS

TROUVÉS A PARIS

Par M. H.-J. GOSSE (de Genève).

Dans son remarquable ouvrage sur les *Antiquités celtiques et antédiluviennes*, M. Boucher de Perthes dit (t. II, p. 123) : « Si l'on « veut avoir un aperçu des sablières de Menchecourt, on visitera « celles qui sont à Paris, derrière le Champ-de-Mars, allée de la « Motte-Piquet; elles sont d'une nature et d'un aspect identiques... « Si j'avais pu y continuer mes recherches, j'y aurais certainement « trouvé des silex ouvrés... » Plus loin il ajoute (p. 495) : « qu'il « a trouvé au Vésinet un silex portant quelques traces de travail « humain, mais trop peu caractérisées pour faire preuve. »

Vivement intéressé par les découvertes de M. Boucher de Perthes, je visitai avec soin les différentes sablières de Grenelle, actuellement en exploitation, lesquelles présentent tant d'analogie avec les plus anciennes habitations lacustres de l'âge de pierre.

Les découvertes que j'eus l'occasion d'y faire, et sur lesquelles je désire attirer un instant votre attention, donnent une entière confirmation aux prévisions de M. Boucher de Perthes. J'espère que les quelques faits nouveaux que j'apporte dans une question si controversée jusqu'à ces derniers temps m'excuseront, auprès de vous, de l'imperfection de cette note. Deux sablières attirèrent plus particulièrement mon attention: celle de M. Bernard, située avenue de la Motte-Piquet, 61-63 ; celle de M. Étienne Bielle, rue de Grenelle, 15. Elles sont creusées toutes deux, d'après M. Hébert, professeur de géologie à la Faculté des sciences de Paris, qui eut l'extrême obligeance de les visiter avec moi, dans des bancs de sable et de gravier appartenant au diluvium inférieur, et qui ne présentent aucune trace de bouleversement. Leur profondeur moyenne, dans ce moment, est de six mètres. J'y ai trouvé des ossements fossiles et des silex taillés. La couche qui les renfermait, placée à une profondeur de 4^m,50 à 5 mètres, présente une épaisseur variant de 1 mètre à 1^m,50.

Les ossements fossiles, que M. Lartet a eu la complaisance d'examiner, se rapportent au cheval, au *Bos primigenius*, à un bœuf élancé analogue à l'aurochs, à un animal du genre cerf voisin du renne, à l'*Elephas primigenius,* et à un grand carnivore, peut-être le grand felis des cavernes. Les silex taillés se rapportent, quant au but auquel ils ont dû être utilisés, à des catégories diverses. Ce sont des pointes de flèches et de lances, des couteaux, des haches en coins et des haches circulaires ou allongées. Ces dernières, dont je n'ai trouvé encore que deux, et les couteaux, dont le nombre dépasse déjà cinquante, suffisent amplement pour démontrer la présence de l'homme dans ces terrains diluviens.

Le nombre de ces objets est petit, il est vrai, quand on le compare à celui des silex trouvés par MM. Boucher de Perthes et Rigollot ; mais il est juste d'ajouter que mes recherches ne datent que de six semaines, et que l'élévation des eaux de la Seine m'a empêché d'examiner la partie inférieure des bancs de sable et de gravier dans laquelle les haches se trouvent ordinairement en plus grand nombre.

BIBLIOTHEQUE NATIONALE DE FRANCE

3 7531 04114279 6

www.ingramcontent.com/pod-product-compliance
Lightning Source LLC
Chambersburg PA
CBHW060752280326
41934CB00010B/2458